Compáralos

Peces

Tracey Crawford

Heinemann Library
Chicago, Illinois

Photo research by Tracy Cummins, Heather Mauldin, and Ruth Blair
Designed by Jo Hinton-Malivoire
Translated into Spanish and produced by DoubleO Publishing Services
Printed and bound in China by South China Printing Company
10 09 08 07 06
10 9 8 7 6 5 4 3 2 1

Library of Congress Cataloging-in-Publication Data
Crawford, Tracey.
  [Fish. Spanish]
  Peces / Tracey Crawford.
     p. cm. -- (Compáralos)
  ISBN 1-4034-8698-0 (hb - library binding) -- ISBN 1-4034-8706-5 (pb)
  1. Fishes--Juvenile literature. I. Title.
  QL617.2.C7218 2007
  597--dc22
                              2006028252

Acknowledgments
The author and publisher are grateful to the following for permission to reproduce copyright material: Corbis pp. **4** (monkey, Frank Lukasseck/zefa; bird, Arthur Morris), **6** (Stephen Frink), **7** (Jeffrey L. Rotman), **9** (Royalty Free), **10** (Martin Harvey), **11** (Kit Kittle), **12** (Anthony Bannister), **14** (Louie Psihoyos), **15** (Stephen Frink), **16** (Brandon D. Cole), **18**, **19** (Amos Nachoum), **21** (Hal Beral), **22** (shark, Denis Scott; flounder, Brandon D. Cole), **23** (goldfish, Martin Harvey; Indo-Pacific Bluetang, Jeffrey L. Rotman; gray angelfish, Royalty Free); Getty Images pp. **5**, **17** (Hunt), **20** (Westmorland); Marinethemes.com p. **22** (hand fish, Kelvin Aitkenn); Naturepl.com p. **13** (Doug Perrine); Carlton Ward p. **4** (snake, frog).

Contenido

Hay muchos tipos de animales.

Los peces son un tipo de animal.

Todos los peces viven en el agua.

branquia

Todos los peces tienen branquias.

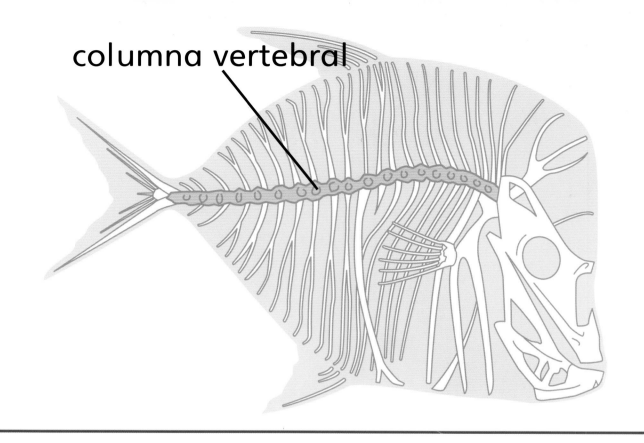

columna vertebral

Todos los peces tienen una
columna vertebral.

aleta

cola

Todos los peces tienen aletas y cola.

escamas

Muchos peces tienen escamas.

Pero no este pez.

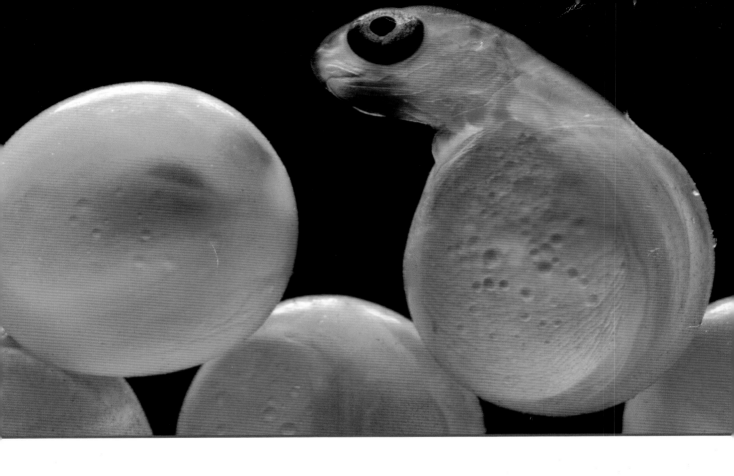

Muchos peces nacen de un huevo.

cría de tiburón

Pero no este pez.

Algunos peces son grandes.

Algunos peces son pequeños.

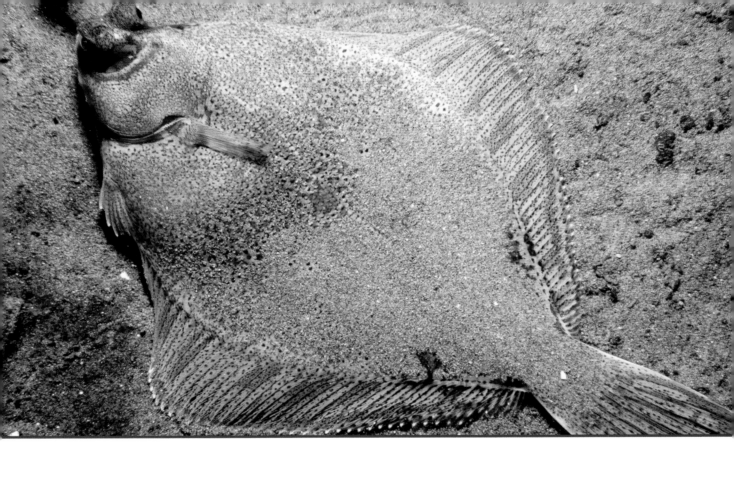

Algunos peces son planos.

Algunos peces son redondos.

Algunos peces cazan.

Algunos peces se esconden.

Cada pez es diferente.

Cada pez es especial.

Peces: datos

Los tiburones tienen
muchas filas de dientes.

Las platijas viven en el suelo del
mar. Cambian de color para
esconderse mejor.

Los teleósteos tienen
aletas que son como
manos. Estos peces
caminan sobre el
suelo del mar.

Glosario ilustrado

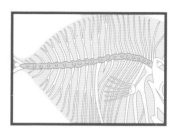

columna vertebral la parte del esqueleto que va desde la cabeza a la cola

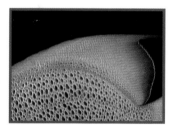

aleta la parte de un pez que lo ayuda a moverse en el agua

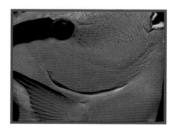

branquia la parte de un pez que lo ayuda a respirar

escama placa pequeña y plana del exterior de un animal. Las escamas cubren la piel.

Índice

Nota a padres y maestros

Peces presenta a los niños la diversidad de este grupo animal, así como las características que comparten todos los peces. El texto fue elegido cuidadosamente con la ayuda de una experta en lecto-escritura, de modo que los lectores principiantes puedan leer con éxito tanto de forma independiente como con cierta ayuda. Se consultó a científicos para que el contenido fuera interesante y acertado.

Al mostrar la importancia de la diversidad en la fauna, *Peces* invita a los niños a celebrar la diversidad en sus vidas. El final de este libro afirma que cada pez es un animal único y especial. Emplee esta afirmación para conversar sobre cómo cada persona es también única y especial. Puede apoyar las destrezas de lecto-escritura para no ficción de los niños ayudándolos a usar la tabla de contenido, el glosario ilustrado y el índice.